KB070920

일차	과목	단원	쪽
	나는 나는 1학년	교통 표지판	61
8일차	한글	동사 익히기(1)	17
	한글	동사 익히기(2)	18
	수학	50까지의 수 알기	39
9일차	한글	반대말 익히기	19
	수학	몇십 몇 알기	40
	수학	10개씩 모아 세기	41
	나는 나는 1학년	학교 가는 길	62
10일차	한글	느낌을 나타내는 말	20
	수학	두 수로 가르기	42
	수학	두 수로 모으기	43
11일차	한글	낱말의 분리와 결합	21
	수학	10 이하 수의 덧셈(1)	44
	수학	10 이하 수의 덧셈(2)	45
	나는 나는 1학년	안전하게 지내요!	63

일차	과목	단원	쪽
	수학	놀이 비교하기(1)	52
		놀이 비교하기(2)	53
	나는 나는 1학년	인사를 잘해요!	67
18일차	한글	청유문과 명령문 익히기	28
	수학	따라 쓰기 5	74
	나는 나는 1학년	여러 방향에서 본 모양 알기	54
		바르게 인사해요!	68
19일차	한글	시계 익히기	29
	수학	따라 쓰기 6	75
	수학	달력 보고 수 알기	55
	나는 나는 1학년	함께 쓰는 물건	69
20일차	한글	종합평가	
	수학	종합평가	

★ 학습 계획표

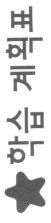

학습일차	과목	내용	쪽수	미션완료 스티커
1일차	한글	자음자 익히기	8	
	수학	9까지의 수 알기	32	
	나는 나는 1학년	학교 한 바퀴	58	
2일차	한글	모음자 익히기	9	
	수학	0 알기	33	
3일차	한글	자음자와 모음자의 결합(1)	10	
	한글	자음자와 모음자의 결합(2)	11	
	수학	10까지의 수 알기	34	
	나는 나는 1학년	학교에서 지켜야 할 규칙	59	
4일차	한글	이중모음 익히기	12	
	수학	수의 순서	35	
5일차	한글	된소리 익히기	13	
	수학	10까지 수의 순서	36	
	나는 나는 1학년	바르게 사용해요	60	
6일차	한글	낱자 결합 익히기	14	
	수학	10까지 수의 크기 비교	37	
7일차	한글	명사 익히기(1)	15	
	한글	명사 익히기(2)	16	

학습일차	과목	내용	쪽수	미션완료 스티커
12일차	한글	20절 문장 익히기	22	
	수학	10 이하 수의 뺄셈(1)	46	
13일차	한글	30절 문장 익히기	23	
	수학	10 이하 수의 뺄셈(2)	47	
	나는 나는 1학년	책가방을 챙겨요.	64	
14일차	한글	40절 문장 익히기	24	
		따라 쓰기 1	70	
	수학	여러 가지 모양 알기	48	
	수학	여러 가지 모양 찾기	49	
15일차	한글	인사말 익히기	25	
		따라 쓰기 2	71	
	수학	길이 비교하기(1)	50	
	나는 나는 1학년	올바른 식사 예절	65	
16일차	한글	동사 익히기	26	
		따라 쓰기 3	72	
	수학	길이 비교하기(2)	51	
	나는 나는 1학년	쉿! 수업 시간이에요	66	
17일차	한글	알림글 익히기	27	
		따라 쓰기 4	73	

학습 계획표에 붙이세요.

35쪽

36쪽

42쪽

44쪽

58쪽

도서실　과학실　급식소

보건실　교장실　교실

59쪽

61쪽

어린이보호교통안전

위험
DANGER

어린이보호

60쪽

참 잘했어요!　참 잘했어요!　참 잘했어요!

63쪽

64쪽

국어

안전한 생활

크레파스

수학

봄

66쪽

마음껏 붙이세요.

초등학교 선생님이 알려 주는

똑똑한 입학준비

기초튼튼
1학년

1

새내기 학부모에게 드리는 입학 선물
초등학교 선생님이 알려 주는
똑똑한 입학 준비

"선생님, 왜요?"

"선생님, 그건 왜 그런데요?"

초등학교에 갓 입학한 학생들이 가장 많이 하는 질문입니다.

아기자기한 유치원과는 달리 크고 복잡한 초등학교의 시스템이 아이들의 호기심을 자극하기 때문입니다. 이런 자녀를 둔 새내기 학부모들의 호기심은 그보다 더하면 더했지 덜하진 않습니다. 아이들이 1학년이면 학부모들도 1학년이 되는 까닭입니다. 아이들은 학교에 가서 직접 보고 듣고 느끼기라도 하지만, 집에서 모든 것을 수동적으로 들어야 하는 입장인 학부모들은 그저 모든 것이 궁금할 따름입니다. 입학 설명회라도 할라 치면 큰 강당이 발 디딜 틈이 없을 정도로 꽉 찹니다. 열의가 넘치는 학부모들의 질문은 끝도 없이 이어집니다.

"한글은 떼고 들어와야 하나요?"

"미리 교과서로 공부시키는 것이 좋은가요?"

"각 교과의 선행 학습은 얼마나 해야 하나요?"

당연히 학습에 대한 질문이 가장 많습니다. 학교에 대한 첫걸음인 만큼 내 아이의 첫발을 잘 딛게 하고픈 부모의 마음인 까닭입니다.

한글은 익히고 들어오는 것이 좋습니다.

동화책에 있는 문장을 어느 정도 읽을 수 있는 수준이면 됩니다. 쓰기가 완벽하진 않아도 불러 주는 말을 소리 나는 대로라도 쓸 정도이면 됩니다. 기초적인 읽기와 쓰기가 안된 아이들은 맥락을 이해하지 못해 교과과정을 따라가기에 벅차하는 까닭입니다.

선행 학습은 하는 것이 좋습니다.

우리가 낯선 곳으로 여행을 떠날 때 만반의 준비를 하는 것과 같은 이치입니다. 4박 5일의 여행을 가는데도 여권 준비부터 그곳의 지리와 역사 · 문화가 담긴 책자를 구입하는데, 하물며 초등학교 1학년이라는 365일의 기나긴 학습 여행을 떠나는데 아무 준비도 하지 않고 덜컥 입학만 한다면 아이는 불안하겠지요. 여행지에 대한 정보가 알차게 담긴 책자를 고르듯, 새내기 학습을 위한 길잡이가 될 제대로 된 책을 고르는 것이 필요합니다. 초등학교 1학년 교과과정과 연계된 책이라면 선행 학습의 효과가 더욱 큰 것은 두말할 나위도 없습니다.

교과서를 미리 공부하는 것은 금물입니다.

앞으로 배울 교과서를 들이밀어 예습을 시키는 행위는 점심으로 자장면을 먹었는데 저녁도 자장면을 먹는 이치와 같습니다. 똑같은 교과서로 미리 공부를 한 대부분의 아이들은 흥미를 잃어 수업 시간에 집중하지 않고 딴짓을 합니다. 선행 학습을 하고 싶다면 교과서가 아닌, 교육과정을 제대로 파악하고 만든 학습지를 구입해서 공부하는 것이 좋습니다. 나중에 공부한 내용이 수업 시간에 나오게 되면 '어, 이건 내가 아는 건데.' 하면서 자신감을 갖게 되어 선생님 말씀에 집중하는 결과를 가져오게 됩니다.

〈초등학교 선생님이 알려 주는 똑똑한 입학 준비〉는 이런 고민을 하는 새내기 학부모들의 바람을 충족시켜 주기에 충분한 책입니다.
각 교과의 전문 선생님들이 모여 초등학교 1학년뿐만 아니라 2학년 1학기 과정에서 중요한 내용을 선별하여, 아이들의 잠재된 지적 창의력을 뽑아낼 수 있도록 심혈을 기울여 만들었습니다. 게임을 하듯 일정 수준이 되면 단계별로 도전할 수 있도록 오름식으로 만들었기에 아이들은 쉽고 재미있게 풀 수 있을 것입니다.
1단계에서 기초적으로 알아야 할 과정을 맛본 아이들은, 도전 의식을 느끼며 1학년 과정인 2단계로 넘어갈 것이고, 지적 호기심에 불이 붙은 아이들은 더 나아가 2학년 1학기 때 배워야 할 3단계까지 도전하려고 할 것입니다.

아이들을 사랑하는 선생님들이 모여 만든 초등 1학년을 밝혀 줄 길라잡이 책으로 내 아이가 초등학교 입학 전 갖추어야 하는 능력에 대한 불안감을 말끔하게 해결하기 바랍니다.

정명숙 선생님

 차례

1교시 한글

8 자음자 익히기
9 모음자 익히기
10 자음자와 모음자의 결합(1)
11 자음자와 모음자의 결합(2)
12 이중모음 익히기
13 된소리 익히기
14 낱자 결합 익히기
15 명사 익히기(1)

16 명사 익히기(2)
17 동사 익히기(1)
18 동사 익히기(2)
19 반대말 익히기
20 느낌을 나타내는 말
21 낱말의 분리와 결합
22 2어절 문장 익히기
23 3어절 문장 익히기

24 4어절 문장 익히기
25 인사말 익히기
26 동시 익히기
27 알림글 익히기
28 청유문과 명령문 익히기
29 시제 익히기

2교시 수학

32 9까지의 수 알기
33 0 알기
34 10까지의 수 알기
35 수의 순서
36 10까지 수의 순서

37 10까지 수의 크기 비교
38 19까지의 수 세고 읽기
39 50까지의 수 알기
40 몇십 몇 알기
41 10개씩 모아 세기

42 두 수로 가르기
43 두 수로 모으기
44 10 이하 수의 덧셈 (1)
45 10 이하 수의 덧셈 (2)
46 10 이하 수의 뺄셈 (1)

47 10 이하 수의 뺄셈 (2)

48 여러 가지 모양 알기

49 여러 가지 모양 찾기

50 길이 비교하기 (1)

51 길이 비교하기 (2)

52 높이 비교하기 (1)

53 높이 비교하기 (2)

54 여러 방향에서 본 모양 알기

55 달력 보고 수 알기

2 프롤로그

70 따라 쓰기

76 정답

3교시 나는 나는 1학년

58 학교 한 바퀴

59 학교에서 지켜야 할 규칙

60 바르게 사용해요

61 교통 표지판

62 학교 가는 길

63 안전하게 지내요!

64 책가방을 챙겨요!

65 올바른 식사 예절

66 쉿! 수업 시간이에요

67 인사를 잘해요!

68 바르게 인사해요!

69 함께 쓰는 물건

한글

한글의 기본이 되는 낱글자, 낱말, 문장 학습을 하며 초등학교
입학 전 익혀야 할 유아 한글을 총정리해 볼 수 있습니다.

낱글자
자음자와 모음자에 대해
익히고, 낱글자의 조합에
대해 배웁니다.

낱말
낱말의 종류를 익히고,
낱말의 분리와 결합에
대해 배웁니다.

문장
다양한 형식의 글과
여러 문장을 읽고
이해할 수 있습니다.

자음자 익히기

1-1 국어 가- ② 재미있게 ㄱㄴㄷ

토끼가 글자 나라로 여행을 떠나요. 글자 나라에서 만난 자음자를 찾아
색칠해 보세요.

글자 나라에 사는 14개의 자음자						
ㄱ	ㄴ	ㄷ	ㄹ	ㅁ	ㅂ	ㅅ
기역	니은	디귿	리을	미음	비읍	시옷
ㅇ	ㅈ	ㅊ	ㅋ	ㅌ	ㅍ	ㅎ
이응	지읒	치읓	키읔	티읕	피읖	히읗

●쏠쏠정보●

자음은 말소리의 한 갈래로
'닿소리'라고도 해요.

8

모음자 익히기

1-1 국어 가-**3** 다 함께 아야어여

다람쥐가 글자 나라로 여행을 떠나요. 글자 나라에서 만난 모음자를
찾아 색칠해 보세요.

글자 나라에 사는 10개의 모음자				
ㅏ	ㅑ	ㅓ	ㅕ	ㅗ
아	야	어	여	오
ㅛ	ㅜ	ㅠ	ㅡ	ㅣ
요	우	유	으	이

● 쏠쏠정보 ●

모음은 말소리의 한 갈래로
'홀소리'라고도 해요.

작은 병아리와 큰 타조처럼 서로 반대되는 말을 찾아 선으로 이어 보세요.

많다

작다

크다

적다

앉다

낮다

높다

서다

'기쁘다'의 반대말은 무엇일까요? 서로 반대되는 느낌을 나타내는 말에 ○ 하세요.

기쁘다  슬프다

멋지다

덥다  따뜻하다

춥다

좋다  덥다

싫다

예쁘다  밉다

아름답다

● 쏠쏠정보 ●

몸의 감각이나 마음으로 느끼는
감정을 '느낌'이라고 해요.

낱말의 분리와 결합

1-1 국어 가-④ 글자를 만들어요

낱말을 분리하고 결합할 수 있을까요? 글자의 짜임을 생각하며 빈칸에 알맞은 말을 써 보세요.

노 루

☐ = ㄴ + ㅗ

☐ = ㄹ + ㅜ

토 끼

☐ = ☐ + ㅗ

끼 = ☐ + ☐

하 마

하 = ☐ + ☐

☐ = ☐ + ㅏ

21

2어절 문장 익히기

1-2 국어 가-③ 문장으로 표현해요

문장을 이루는 도막도막의 성분을 '어절'이라고 해요. 〈보기〉에서 알맞은 말을 찾아 문장을 완성해 보세요.

보기   개나리가   노래합니다   송사리가   헤엄칩니다

_____
└→ 어절

피었습니다.
_____
└→ 어절

참새가

_____ .

_____

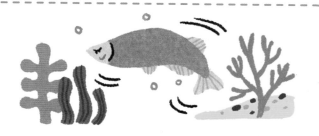
_____ .

●쏠쏠정보●

어절은 말할 때 꼭 붙여서 발음하는 마디를 말해요.

3어절 문장 익히기

동물원의 친구들은 무엇을 하고 있나요? 〈보기〉에서 알맞은 말을 찾아
문장을 완성해 보세요.

보기   곰이   넘습니다   도토리를   재주를   코끼리가

_____ 불을 끕니다.
→ 어절   → 어절   → 어절

다람쥐가 _____ 먹습니다.

_____ _____ _____ .

23

4어절 문장 익히기

소풍 가서 무엇을 하였나요? 〈보기〉에서 알맞은 말을 찾아 문장을 완성해 보세요.

보기   매우 보물찾기 소풍은 올챙이를 재미있었어요 오늘

먼저 _____ 놀이를 하였어요.
→ 어절   → 어절   → 어절   → 어절

냇가에서 _____ 잡으며 놀았어요.

_____ _____ _____ _____.

인사말 익히기

상황에 어울리는 인사를 해야 해요. 〈보기〉에서 상대방에게 알맞은
인사말을 찾아 빈칸에 번호를 쓰세요.

보기
❶ 학교에 다녀오겠습니다.
❷ 친구야, 안녕!
❸ 할아버지, 안녕하세요?
❹ 생일 축하해!
❺ 이제 좀 괜찮니?

동시 익히기

키가 큰 기린을 보고 동시를 썼어요. 기린의 모습을 떠올리며 큰 소리로 따라 읽고 아래 문제를 풀어 보세요.

기린 ———————————— 제목

김종상 ———————————— 지은이

목이 길어서 좋겠다 ———— 1행 ⎫
먼 곳도 볼 수 있고 ———— 2행 ⎬ 1연

키가 커서 좋겠다 ———— 3행 ⎫
높은 데도 입이 닿고 ———— 4행 ⎬ 2연

이 동시는 김종상의 〈기린〉입니다.

1 동시 〈기린〉은 몇 연 몇 행으로 이루어진 동시일까요?

☐ 연 ☐ 행

2 글쓴이는 기린의 어떤 점을 부러워하고 있는지 따라 써 보세요.

목이 긴 점   키가 큰 점

● 쏠쏠정보 ●
동시의 한 줄 한 줄을 '행'이라고 하고, 행을 합한 단락을 '연'이라고 해요.

학예회에 친구들을 초대하려고 해요. 다음 알리는 글을 큰 소리로 읽고 아래 문제를 풀어 보세요.

알리는 글

거북이 반 친구들에게 ———— 받을 사람

우리 반에서 학예회를 하는데 와 주었으면 좋겠어.
재미있고 신나는 노래도 부르고, ———— 알리는 말
맛있는 음식도 함께 먹을 수 있어.
멋진 학예회 기대하고 와 주렴.

때 5월 5일 오전 10시 ———— 때
곳 토끼 반 교실 ———— 곳

5월 1일 토끼 반 씀 ———— 보내는 사람

1 토끼 반에서는 거북이 반 친구들에게 무엇을
  하는데 와 주었으면 좋겠다고 했나요?

2 거북이 반 친구들은 학예회를 보러 어디로 가야 할지 빈칸에 써 보세요.

청유문과 명령문 익히기

권유하는 문장과 시키는 문장을 알고 있나요? 〈보기〉와 같이 그림에
어울리는 청유문과 명령문을 따라 써 보세요.

보기
인사를
잘하자.
↳ 청유문

인사를
잘해라.
↳ 명령문

사이좋게
지내자.

사이좋게
지내라.

규칙을
지키자.

규칙을
지켜라.

열심히
공부하자.

열심히
공부해라.

● 쏠쏠정보

청유문은 무엇을 함께 하자고 권유하는 문장이고,
명령문은 무엇을 하라고 시키는 문장이에요.

민경이네 가족에게 무슨 일이 생겼나요? 〈보기〉와 같이 가족들이 한 일을 시제에 맞게 ○ 하세요.

보기

과거	나는 어제 밥을 <u>먹었습니다.</u>
현재	나는 지금 밥을 <u>먹습니다.</u>
미래	나는 내일 밥을 <u>먹을 것입니다.</u>

할머니께서 어제 우리 집에

오셨습니다.

오십니다.

올 것입니다.

아버지께서 지금 신문을

보셨습니다.

보십니다.

볼 것입니다.

나는 내일 소풍을

갔습니다.

갑니다.

갈 것입니다.

쏠쏠정보●

제는 사건이나 동작이
어난 시간을 말해요.

29

수학

수학의 기본이 되는 수와 연산, 도형, 측정 영역의 기초를 다지며,
초등학교 입학 전 유아 수학을 총정리해 볼 수 있습니다.

수

50까지의 수에 대해 읽고
쓰는 방법을 배웁니다.

연산

10 이하 수의 더하기와
빼기에 대해 익힙니다.

도형

일상 생활 속에서 동그라미,
세모, 네모 모양을 찾을 수
있습니다.

측정

길이와 높이의 개념을 알고,
비교해 봅니다.

토끼가 뛰어 놀고 있어요. 토끼를 세어 보고, 수를 읽는 두 가지 방법을 빈칸에 써 보세요.

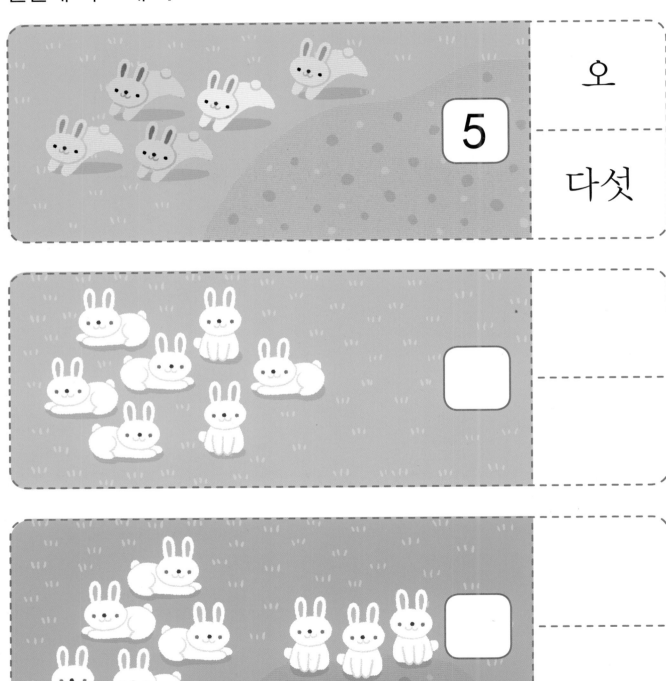

오

다섯

수 ○ 알기

풀밭에 비둘기가 모여 있어요. 그림과 글을 잘 보고 수를 세어 빈칸에 써 보세요.

1 비둘기는 모두 몇 마리일까요?

2 잠시 뒤 6마리가 날아갔어요. 남은 비둘기는 모두 몇 마리일까요?

3 잠시 뒤 3마리가 날아갔어요. 남은 비둘기는 모두 몇 마리일까요?

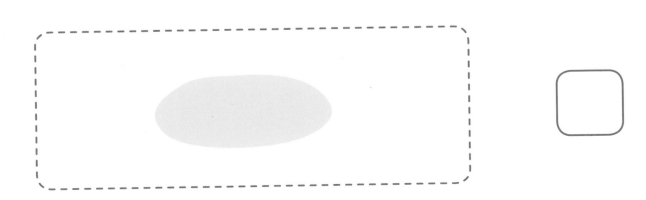

10까지의 수 알기

숲 속 동물들이 앉아 있는 순서대로 ○에 1부터 10까지 차례대로 쓰고,
아래 빈칸에도 숫자를 써 보세요.

1	2	3	4	5	6	7	8	9	10

수의 순서

동물들이 모여 기차놀이를 하고 있어요. 지시에 따라 알맞은 순서에 동물 스티커를 붙여 주세요.

앞에서부터 여우를 둘째, 강아지를 셋째가 되도록 태워요.

앞에서부터 토끼를 셋째, 여우를 넷째가 되도록 태워요.

뒤에서부터 토끼를 둘째, 고양이를 셋째, 두더지를 넷째가 되도록 태워요.

10까지 수의 순서

욕실에서 거울을 보고 있어요. 아이의 왼쪽에 있는 물건들에는 🖐을, 오른쪽에 있는 물건들에는 ✋ 스티커를 붙여 보세요.
왼손   오른손

스티커를 붙인 물건은 모두 몇개인지 세어 빈칸에 알맞은 수를
써 보세요.

왼손

오른손

● 쏠쏠정보 ●

오른쪽, 왼쪽 개념을 가장 쉽게
아는 방법은 오른손, 왼손을 먼저
익히는 것입니다.

10까지 수의 크기 비교

1-1 수학 **1** 9까지의 수

두 건물의 층수가 달라요. 각 건물의 층수만큼 빈칸을 색칠하여 층수를 비교하고, 알맞은 말에 ○해 보세요.

6									
3									

6은 3보다 (큽니다, 작습니다)

4									
9									

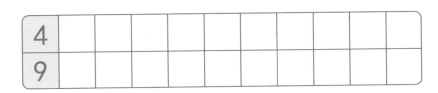

4는 9보다 (큽니다, 작습니다)

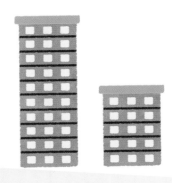

10									
5									

10은 5보다 (큽니다, 작습니다)

● 쏠쏠정보 ●

두 수의 크기를 비교할 때에는 '~보다 큽니다,
~보다 작습니다'를 사용하여 말합니다.

19까지의 수 세고 읽기

빨간 사과가 주렁주렁 열렸어요. 사과를 세어 숫자로 쓰고, 바르게 읽은 말을 찾아 선으로 이어 보세요.

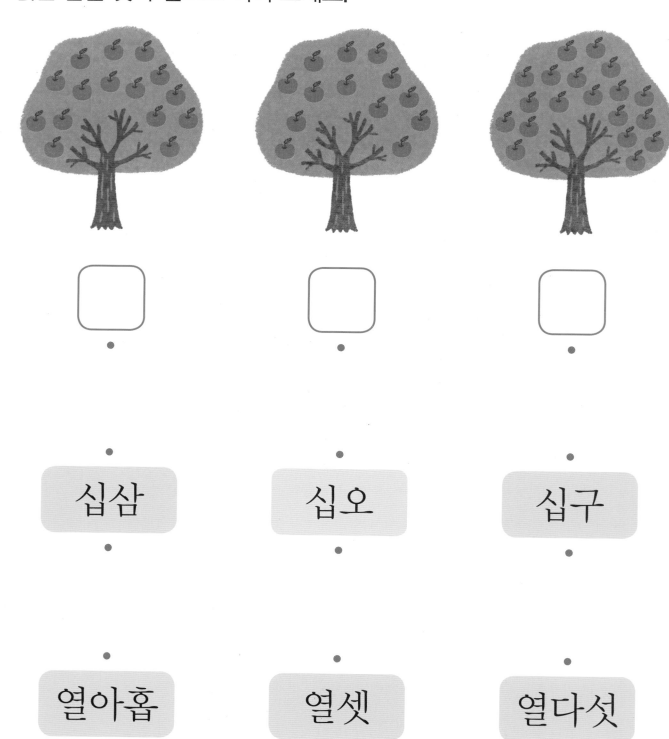

십삼

십오

십구

열아홉

열셋

열다섯

50까지의 수 알기

1-1 수학 ⑤ 50까지의 수

뒤뚱뒤뚱 펭귄들이 10마리씩 모여 있어요. 펭귄을 세어 보고, 수를
읽는 두 가지 방법을 빈칸에 써 보세요.

20 | 이십
스물

몇십 몇 알기

포크와 숟가락을 10개씩 정리해요. 포크와 숟가락을 세어 보고, 모두 몇 개인지 □에 알맞은 수를 쓰세요.

10개씩 ☐ 묶음과 낱개 ☐ 개는 ☐ 입니다.

10개씩 ☐ 묶음과 낱개 ☐ 개는 ☐ 입니다.

10개씩 ☐ 묶음과 낱개 ☐ 개는 ☐ 입니다.

●쏠쏠정보●

십 이상의 수를 셀 때에는 열씩 묶음을 만들어 셉니다.

1묶음=10개

10개씩 모아 세기

1-1 수학 ⑤ 50까지의 수

연못 주위에 오리와 토끼, 새들이 있어요. 같은 동물끼리 10마리씩
모아 세어 수를 쓰고, 두 가지 방법으로 읽고 빈칸에 써 보세요.

	32
삼십이	서른둘

두 수로 가르기

1-1 수학 ❸ 덧셈과 뺄셈

바구니에 담긴 과일을 오른쪽 바구니 2개에 나누어 담아요. 빈
바구니에 과일 스티커를 붙이고, ☐에 알맞은 수를 써 보세요.

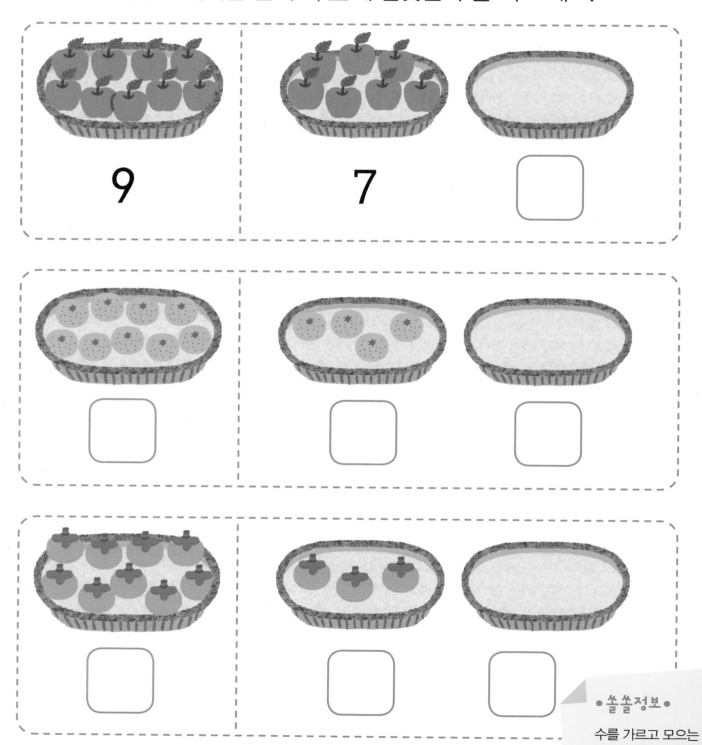

●쏠쏠정보●

수를 가르고 모으는
활동은 덧셈과 뺄셈의
기초가 됩니다.

두 수로 모으기

1-1 수학 ③ 덧셈과 뺄셈

친구들이 상자에 공을 넣고 있어요. 친구들이 넣은 공의 수만큼 빈칸에 알맞은 수를 써 보세요.

10 이하 수의 덧셈(1)

접시에 달콤한 케이크가 있어요. 케이크 스티커를 3개씩 더 붙이면
모두 몇 개가 되는지 세어 빈칸에 알맞은 수를 써 보세요.

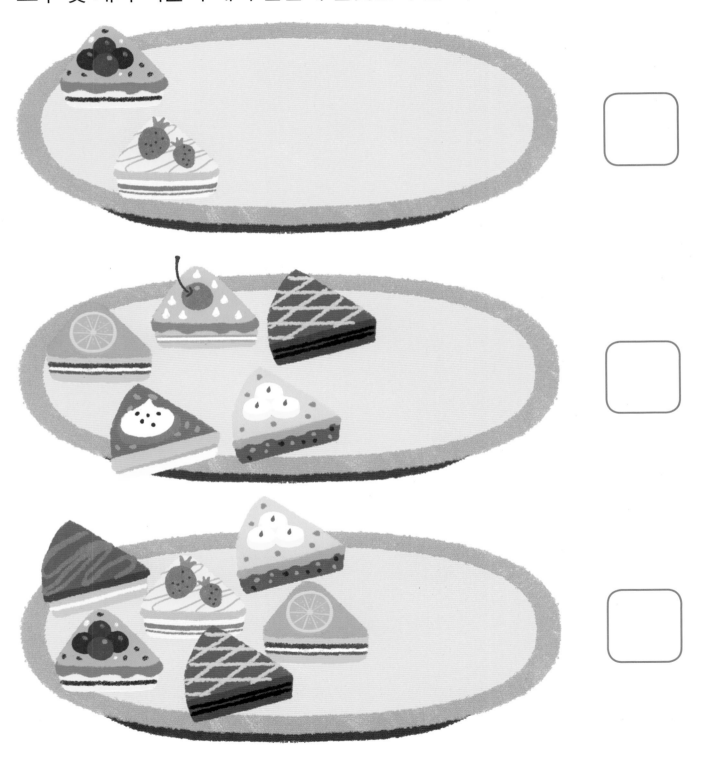

10 이하 수의 덧셈(2)

1-1 수학 ③ 덧셈과 뺄셈

고양이와 강아지가 놀고 있어요. 그림을 보고 모두 몇 마리인지 세어
빈칸에 알맞은 수를 써 보세요.

알록달록 풍선이 있어요. 풍선이 2개씩 터졌다면 남아 있는 풍선이
모두 몇 개인지 세어 빈칸에 알맞은 수를 써 보세요.

곰들이 케이크를 먹고 있어요. 곰 한 마리가 케이크를 1개씩 먹으면 몇 개가 남는지 세어 빈칸에 알맞은 수를 써 보세요.

7개 중에서 ☐ 개를 먹었습니다. ☐ 개 남았습니다.

8개 중에서 ☐ 개를 먹었습니다. ☐ 개 남았습니다.

도형

여러 가지 모양 알기

1-1 수학 ② 여러 가지 모양

주변에서 볼 수 있는 여러 가지 물건이 있어요. 같은 모양끼리 선으로 이어 보세요.

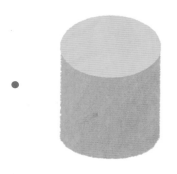

●쏠쏠정보●

• 상자 모양 – 평평하고 뾰족한 부분이 있어요.

• 둥근기둥 모양 – 옆은 둥글지만 밑과 위는 평평해요.

• 공 모양 – 전체가 둥글고 뾰족한 부분이 없어요.

48

여러 가지 모양 찾기

1-1 수학 ② 여러 가지 모양

산타할아버지가 선물을 같은 모양끼리 담으려고 해요. 〈보기〉를 잘 보고, 같은 모양의 선물 ○에 알맞은 색을 칠하세요.

길이 비교하기 (1)

1-1 수학 ④ 비교하기

길이가 다른 물건이 2개씩 있어요. 두 물건의 길이를 비교하여 긴
것에는 ○, 짧은 것에는 △ 하세요.

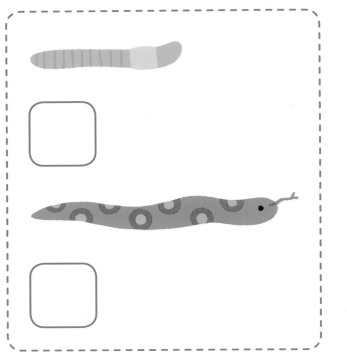

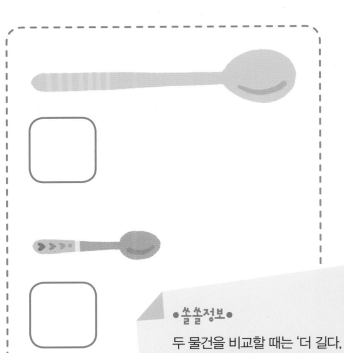

●쏠쏠정보●

두 물건을 비교할 때는 '더 길다,
더 짧다'라고 해요. 세 물건을
비교할 때는 '가장 길다,
가장 짧다'라고 말해요.

길이 비교하기 (2)

1-1 수학 ④ 비교하기

옷가게에 여러 종류의 옷이 있어요. 각각의 길이를 비교하여 가장 긴 순서대로 번호를 써 보세요.

높이 비교하기 (1)

1-1 수학 **4** 비교하기

친구들이 쌓기나무를 이용하여 탑을 쌓고 있어요. 각각의 높이를 비교하여 더 높게 쌓은 친구에 ○ 하세요.

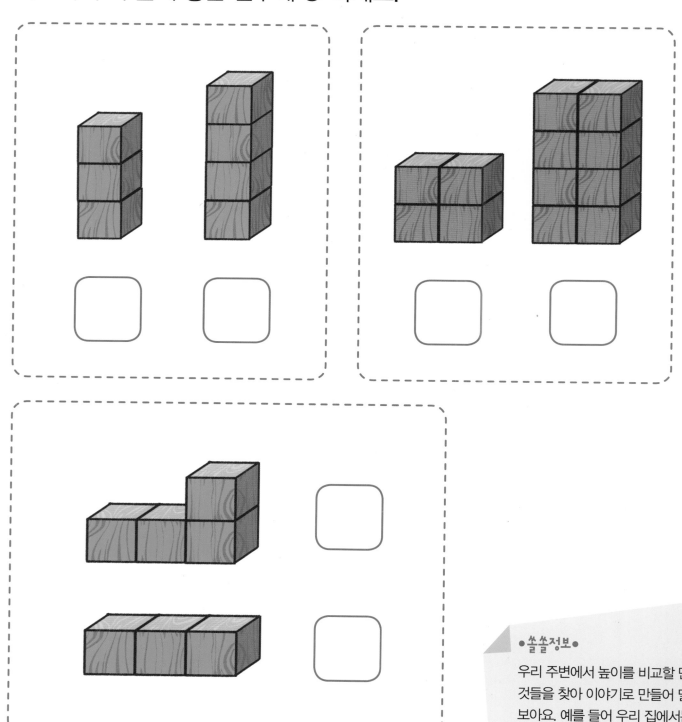

●쏠쏠정보●

우리 주변에서 높이를 비교할 만한 것들을 찾아 이야기로 만들어 말해 보아요. 예를 들어 우리 집에서는 아빠가 가장 키가 커서 거인 같아요. 내 동생이 가장 키가 작아 땅꼬마 같아요.

높이 비교하기 (2)

1-1 수학 4 비교하기

여러 종류의 나무와 건물이 있어요. 각각의 높이를 비교하여 가장 높은 순서대로 번호를 써 보세요.

도형 여러 방향에서 본 모양 알기

1-1 수학 ❷ 여러 가지 모양

친구들이 커다란 블록을 관찰해요. 블록 모양을 잘 보고 여러 방향에서 본 모양을 찾아 선으로 이어 보세요.

수 달력 보고 수 알기

1-1 수학 ⑤ 50까지의 수

오늘은 ⭐입니다. 달력을 잘 보고, 빈칸에 알맞은 답을 써 보세요.

오늘은 ☐ 일입니다.

어제는 ☐ 일입니다

일주일은 ☐ 일입니다

오늘은 ☐ 요일입니다.

내일은 ☐ 요일입니다.

29일은 ☐ 요일입니다.

나는 나는 1학년

초등학교 생활을 시작하기 전에 필요한 학교생활에 관한 지식 및 습관과 규칙을 점검해 볼 수 있습니다.

학교생활
새로운 학교생활을 미리 경험해 볼 수 있습니다.

습관
학교생활을 위한 올바른 습관에 대해 알아봅니다.

규칙
학교생활에 필요한 규칙에 대해 알아봅니다.

학교 한 바퀴

1-1 통합 봄-❶ 학교에 가면

학교 건물 안에는 어떤 곳이 있을까요? 그림을 잘 보고 알맞은 장소
이름 스티커를 붙여 주세요.

●쏠쏠정보●

• 도서실 – 책을 읽고 빌리는 곳
• 과학실 – 과학 실험을 할 수 있는 곳
• 보건실 – 아픈 학생을 돌봐 주는 곳
• 교장실 – 교장 선생님이 일하시는 곳
• 급식소 – 맛있는 음식을 먹을 수 있는 곳
• 교실 – 수업을 하는 곳

학교에서 지켜야 할 규칙

1-1 통합 봄-❶ 학교에 가면

학교에서는 지켜야 할 규칙이 많아요. 아이들의 모습을 잘 보고 규칙을
잘 지키는 아이에게 왕관 스티커를 붙여 주세요.

바르게 사용해요

1-1 통합 봄-❶ 학교에 가면

교실에 있는 물건들을 소중히 다루어야 해요. 그림에서 물건을 바르게
사용하는 친구에게 '참 잘했어요!' 도장 스티커를 붙여 주세요.

함께 쓰는 물건

학교에서 함께 쓰는 물건은 소중하게 다루어야 해요. 물건을 바르게
사용하는 그림과 알맞은 내용을 찾아 선으로 이어 보세요.

책을 다 읽은 뒤에는
제자리에 꽂아 둡니다.

계단으로 올라갑니다.

물을 꼭 내립니다.

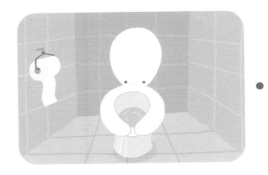

키보드를 함부로
두드리지 않습니다.

< 모양 글자를 보고 바르게 따라 써 보세요.

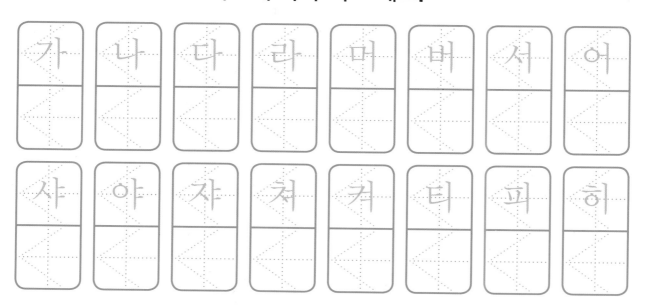

∧ 모양 글자를 보고 바르게 따라 써 보세요.

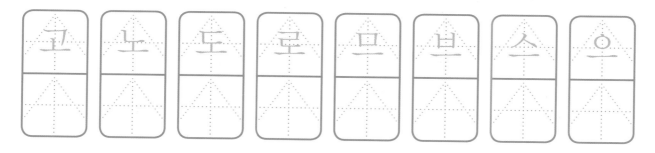

◇ 모양 글자를 보고 바르게 따라 써 보세요.

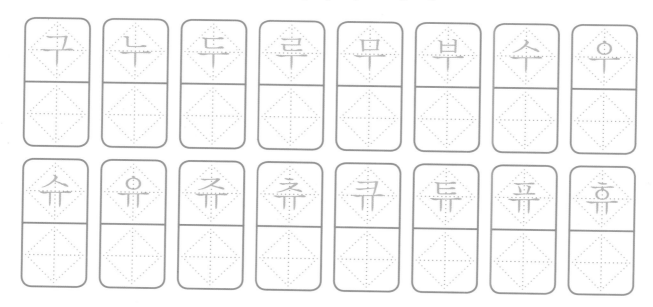

<, ∧, ◇ 모양에 맞게 낱말을 따라 써 보세요.

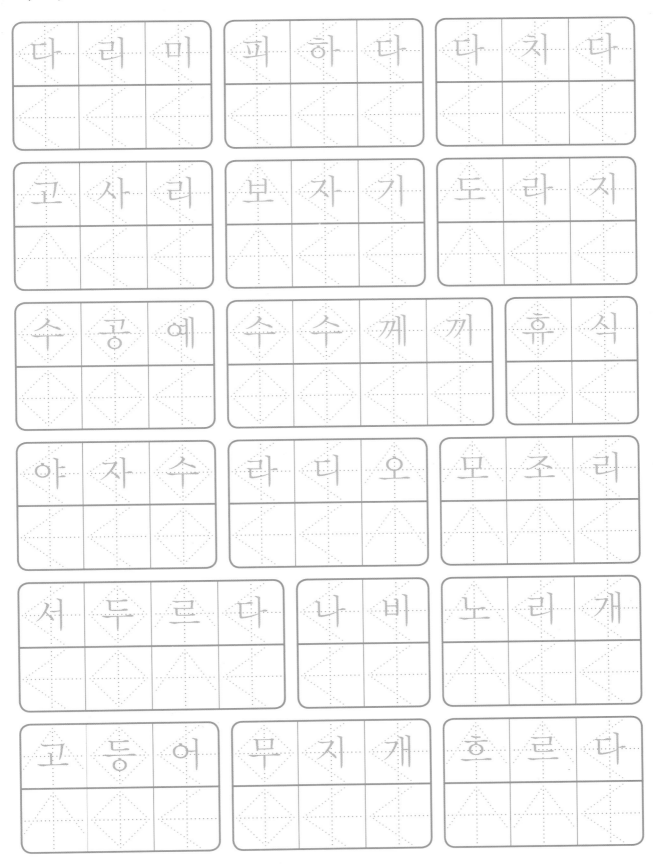

'가~하'가 들어간 낱말을 따라 써 보세요.

| 가 | 가 | 로 | 수 | 나 | 바 | 나 | 나 |

| 다 | 다 | 람 | 쥐 | 라 | 라 | 디 | 오 |

| 마 | 마 | 디 | 바 | 바 | 다 | 사 | 사 | 이 |

| 아 | 아 | 저 | 씨 | 자 | 자 | 전 | 거 |

| 차 | 차 | 도 | 카 | 카 | 드 | 타 | 타 | 조 |

| 파 | 파 | 라 | 솔 | 하 | 하 | 늘 | 소 |

연필을 바르게 잡고 다음 낱말을 따라 써 보세요.

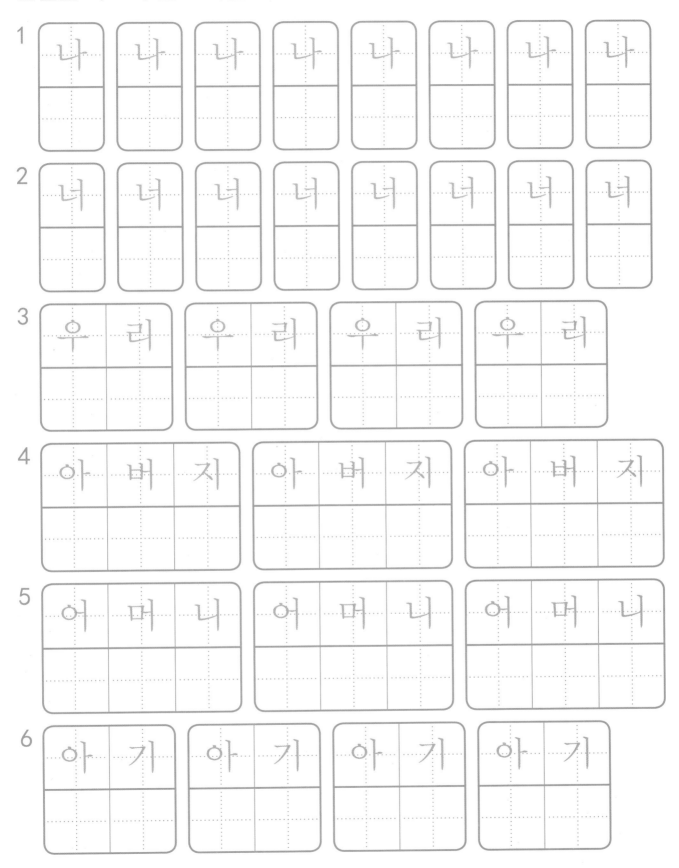

자음과 모음의 짜임을 생각하며 다음 낱말을 따라 써 보세요.

1   나 무 | 나 무 | 바 람 | 바 람

2   보 름 달 | 보 름 달 | 보 름 달

3   포 도 | 포 도 | 딸 기 | 딸 기

4   피 아 노 | 피 아 노 | 피 아 노

5   우 주 선 | 우 주 선 | 우 주 선

6   칠 판 | 칠 판 | 책 상 | 책 상

문장부호에 따라 띄어 읽는 방법을 알고 다음 문장을 따라 써 보세요.

1 이 가　아 파 요 .

2 어 디 로　가 니 ?

3 뿔 이　뾰 족 해 요 .

4 사 이 좋 게　가 요 .

5 " 왜　그 래 ? "

6 " 함 께　갈 래 ? "

1교시 한글

8쪽

9쪽

10쪽

11쪽

12쪽

알	양	벌	별	우산	우표
가지	휴지	아기	애기	시험	시계

화가	동물원	돼지	쉐이크

나이	거위	저희
괭이	오이	의사
너희	의자	무늬
방귀	참외	희망

13쪽
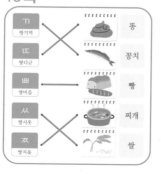

14쪽
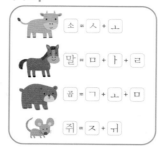

소 = ㅅ + ㅗ
말 = ㅁ + ㅏ + ㄹ
곰 = ㄱ + ㅗ + ㅁ
쥐 = ㅈ + ㅟ

15쪽

사자 — 호랑이
부엉이 — 올빼미
소나무 — 감나무
무궁화 — 개나리

16쪽

지우개 — 칠판
의자 — 책상
연필 — 필통
책 — 가방

17쪽

보다 — 차다
말하다 — 듣다
먹다 — 뱉다
울다 — 웃다

18쪽

달리다 — 걷다
굴리다 — 차다
던지다 — 받다
매달리다 — 떨어지다

19쪽

딸다 — 작다
크다 — 적다
앉다 — 낮다
높다 — 서다

20쪽

기쁘다 — 슬프다 / 멋지다
덥다 — 따뜻하다 / 춥다
좋다 — 맵다 / 싫다
예쁘다 — 밉다 / 아름답다

21쪽
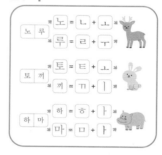

노 루
노 = ㄴ + ㅗ
루 = ㄹ + ㅜ

토 끼
토 = ㅌ + ㅗ
끼 = ㄲ + ㅣ

하 마
하 = ㅎ + ㅏ
마 = ㅁ + ㅏ

22쪽
- 개나리가
- 노래합니다
- 송사리가 헤엄칩니다

23쪽
- 코끼리가 · 도토리를
- 곰이 재주를 넘습니다

24쪽
- 보물찾기 · 올챙이를
- 오늘 소풍은 매우
  재미있었어요

25쪽

26쪽
❶ 2연 4행
❷ 목이 긴 점, 키가 큰 점

27쪽
❶ 학예회 ❷ 토끼 반 교실

28쪽
❶ 사이좋게 지내라.
❷ 규칙을 지키자.
❸ 열심히 공부해라.

29쪽

할머니께서 우리 집에 — 오셨습니다 / 오십니다 / 을 것입니다
아버지께서 신문을 — 보셨습니다 / 보십니다 / 볼 것입니다
나는 소풍을 — 갔습니다 / 갑니다 / 갈 것입니다

32쪽

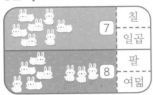

	칠
7	일곱
	팔
8	여덟

33쪽

9

3

0

34쪽

35쪽

36쪽

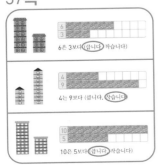 5

4

37쪽

6은 3보다 (큽니다. 작습니다)

4는 9보다 (큽니다. 작습니다)

10은 5보다 (큽니다. 작습니다)

38쪽

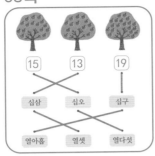

15 13 19

십삼 십오 십구

열아홉 열셋 열다섯

39쪽

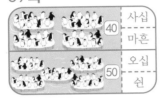

	사십
40	마흔
	오십
50	쉰

40쪽

❶ 10개씩 1 묶음과 낱개 7 개는 17 입니다.

❷ 10개씩 2 묶음과 낱개 5 개는 25 입니다.

❸ 10개씩 3 묶음과 낱개 8 개는 38 입니다.

41쪽

🐰 25, 이십오, 스물다섯

🐦 16, 십육, 열여섯

42쪽

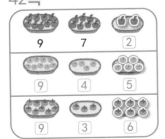

9   7   2

9   4   5

9   3   6

43쪽

3 5 3 5 → 8

2 6 2 6 → 8

4 4 4 4 → 8

44쪽

5

8

9

45쪽

5

7

8

10

46쪽

4

7

6

47쪽

• 7개 중에서 2 개를 먹었습니다. 5 개 남았습니다.

• 8개 중에서 4 개를 먹었습니다. 4 개 남았습니다.

48쪽

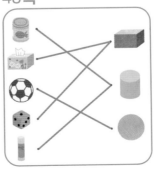

49쪽

50쪽

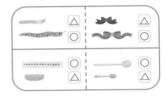

51쪽

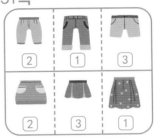

2   1   3

2   3   1

52쪽

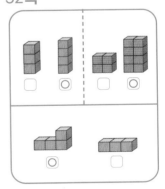

53쪽

1   3   2   4

4   1   2   3

정답

54쪽

55쪽

- 오늘은 18 일입니다.
- 어제는 17 일입니다.
- 일주일은 7 일입니다.
- 오늘은 수 요일입니다.
- 내일은 목 요일입니다.
- 29일은 일 요일입니다.

3교시 나는 나는 1학년

58쪽

도서실 / 과학실 / 보건실 / 교실 / 교장실 / 급식소

59쪽

60쪽

61쪽

62쪽

63쪽

64쪽

65쪽

66쪽

68쪽

69쪽

한글 | 총괄평가

1 ④

2 ㅑ

3 ③

4 ②

5

곰 = ㄱ + ㅗ + ㅁ

6

다람쥐 / 연필

7

바구니 / 다리미

8

울다 / 짖다

9

때리다 / 치다

10

아름답다 / 더럽다

11 ①

12

파리

파 = ㅍ + ㅏ

리 = ㄹ + ㅣ

13 기차가

14 활짝

15 빠졌습니다.

16 ②

17~19

나는 어제 ✕ 밥을 먹는다.
나는 지금 ✕ 그림을 그렸다.
나는 내일 ── 축구를 할 것이다.

20 ①, ④

수학 | 총괄평가

1
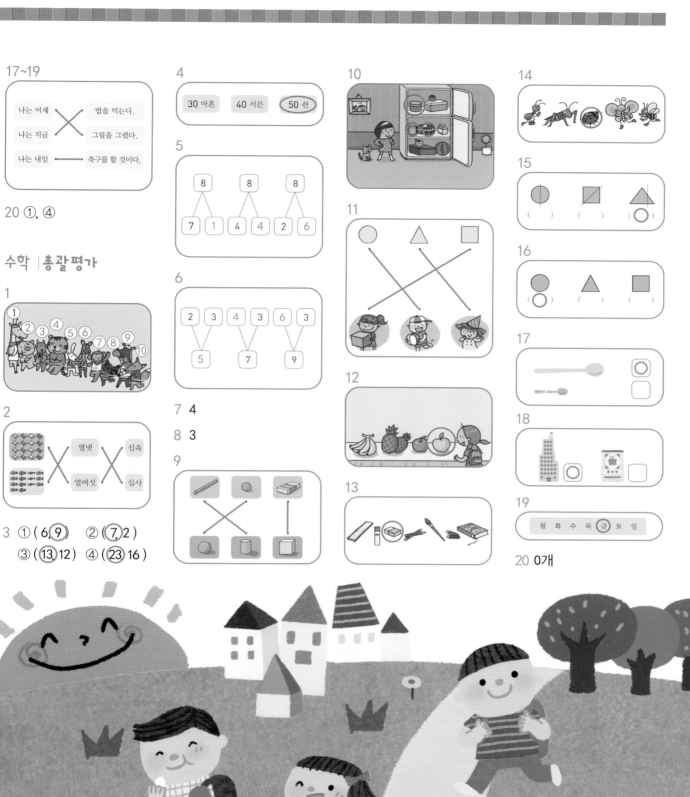

2
열넷 ✕ 십육
열여섯 ✕ 십사

3 ① (6, ⑨) ② (⑦, 2)
　 ③ (⑬ 12) ④ (23 16)

4
30 마흔　40 서른　(50 쉰)

5
8 → 7 1　8 → 4 4　8 → 2 6

6
2 3 → 5　4 3 → 7　6 3 → 9

7 4

8 3

9

10

11

12

13

14

15
( ) ( ) (○)

16
(○) ( ) ( )

17

18

19
월 화 수 목 (금) 토 일

20 0개

집필해 주신 선생님

● 한글 정명숙 선생님

서울교육대학교를 졸업하고 명지대학교 대학원 문예창작학과를 수료했습니다.
펴낸 책으로 동화집 〈똥개도 개다〉, 자녀 교육서 〈초등 1학년 만점 학부모 되기〉 등 다수가 있으며 포스트모던
한국문학예술상, 논술 부문 환경부 장관상 등을 수상했습니다. 한국어문능력개발원 교육 이사, 서울 사립초등학교
독서록 편집위원으로 활동했습니다.

● 수학 장윤영 선생님

단국대학교에서 수학교육학 박사 학위를 받았습니다. 2008년 제7차 개정 수학 교육과정 1학년을 집필하였고,
2008년부터 서울 강서교육청 수학 영재 지도 교사, 전국 수학 교사 모임에서 활동했습니다.

● 나는 나는 1학년 송인하 선생님

인천교육대학교를 졸업했습니다. 2009년 인천광역시 우리들은 1학년 현장 검토 위원으로 활동했습니다.

초등학교 선생님이 알려 주는 똑똑한 입학 준비
❶ 기초튼튼 1학년

개정판 1쇄 2013년 1월 7일 개정 2판 2쇄 2022년 11월 22일

글 정명숙, 장윤영, 송인하 **그림** 이현주, 네잠부리

발행인 이재진 **도서개발실장** 안경숙 **편집인** 이화정 **책임편집** 최순영 **편집** 조현민 **표지디자인** 이수현
본문디자인 오월의 디자인 **마케팅** 정지운, 김미정, 신희용, 박현아, 박소현 **제작** 신홍섭

펴낸곳 (주)웅진씽크빅 **주소** 경기도 파주시 회동길 (주)10881
문의전화 031)956-7452(편집), 02)3670-1191, 031)956-7065, 7069(마케팅)
홈페이지 www.wjjunior.co.kr **블로그** wj_junior.blog.me
페이스북 facebook.com/wjbook **트위터** @wjbooks **인스타그램** @woongjin_junior
출판신고 1980년 3월 29일 제 406-2007-00046호 **제조국** 대한민국

ⓒ 웅진씽크빅 2011, 2013, 2020, 2022
ISBN 978-89-01-26691-6 · 978-89-01-26690-9(세트)

● 다음 물음에 답하세요.

1 다음 중 자음자를 바르게 읽은 것은 어느 것인가요?
( )

① ㄱ – 기윽   ② ㄷ – 디귿
③ ㅅ – 시읏   ④ ㅇ – 이응

2 다음 빈칸에 알맞은 모음자를 써 넣으세요.

ㅏ	ㅑ	ㅓ	ㅕ
아	야	어	여

3 다음 중 이중모음이 아닌 것은 어느 것인가요? ( )

① ㅐ   ② ㅛ   ③ ㅜ   ④ ㅢ

4 다음 중 된소리가 들어가 있는 낱말은 어느
것인가요? ( )

① 강   ② 똥   ③ 산   ④ 해

5 □ 안에 들어갈 알맞은 낱자를 쓰세요.

곰 = [ ] + ㅗ + [ ]

● 다음 그림과 어울리는 알맞은 낱말을 찾아 ○ 하세요.
(6~10)

6

다람쥐
연필

7
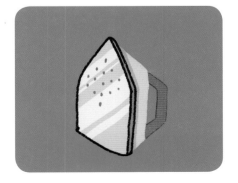
바구니
다리미

8

울다
짖다

9

때리다
치다

10

아름답다
더럽다

11 '가볍다'의 반대말은 무엇일까요? ( )

① 무겁다   ② 약하다
③ 빠르다   ④ 춥다